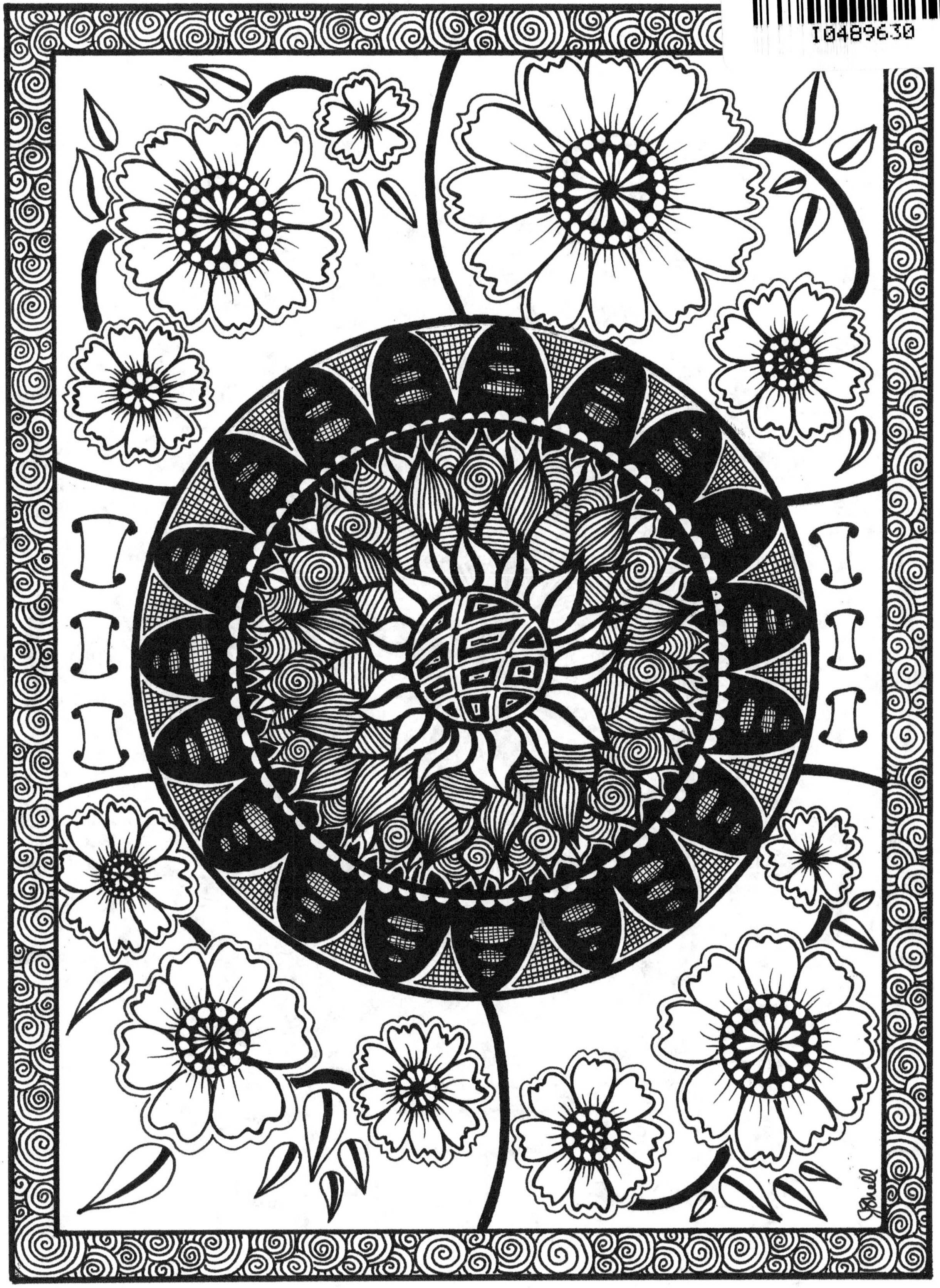

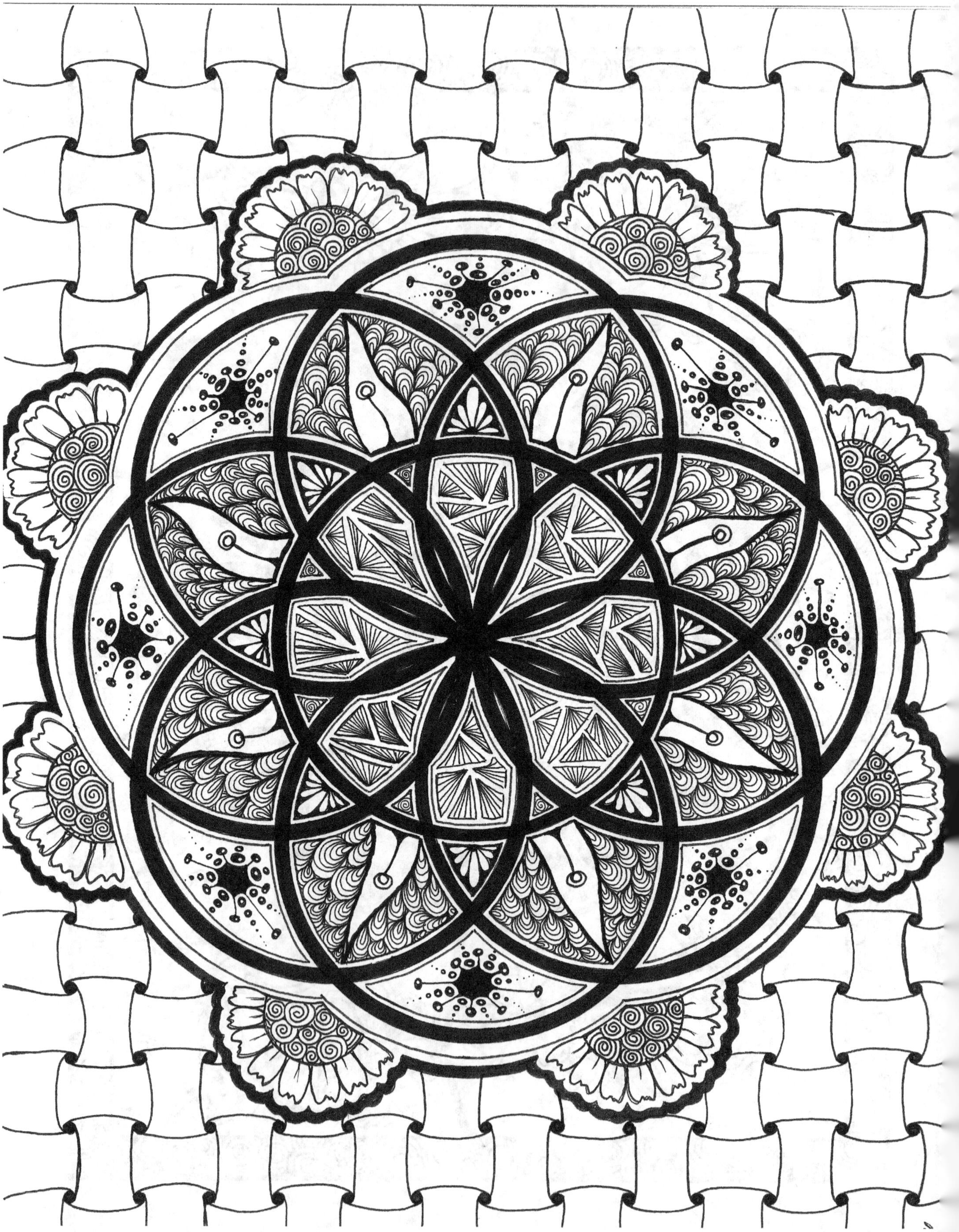

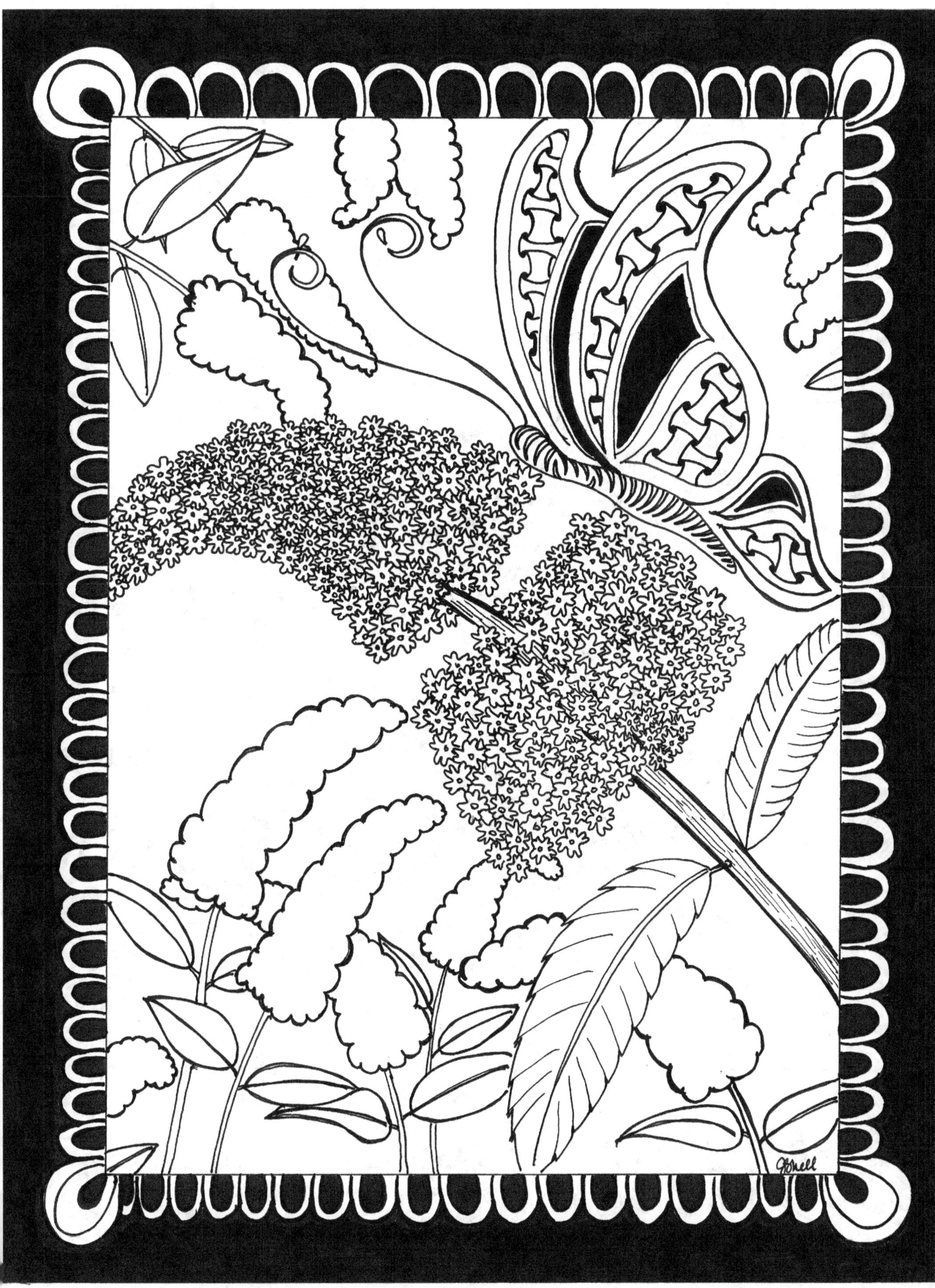

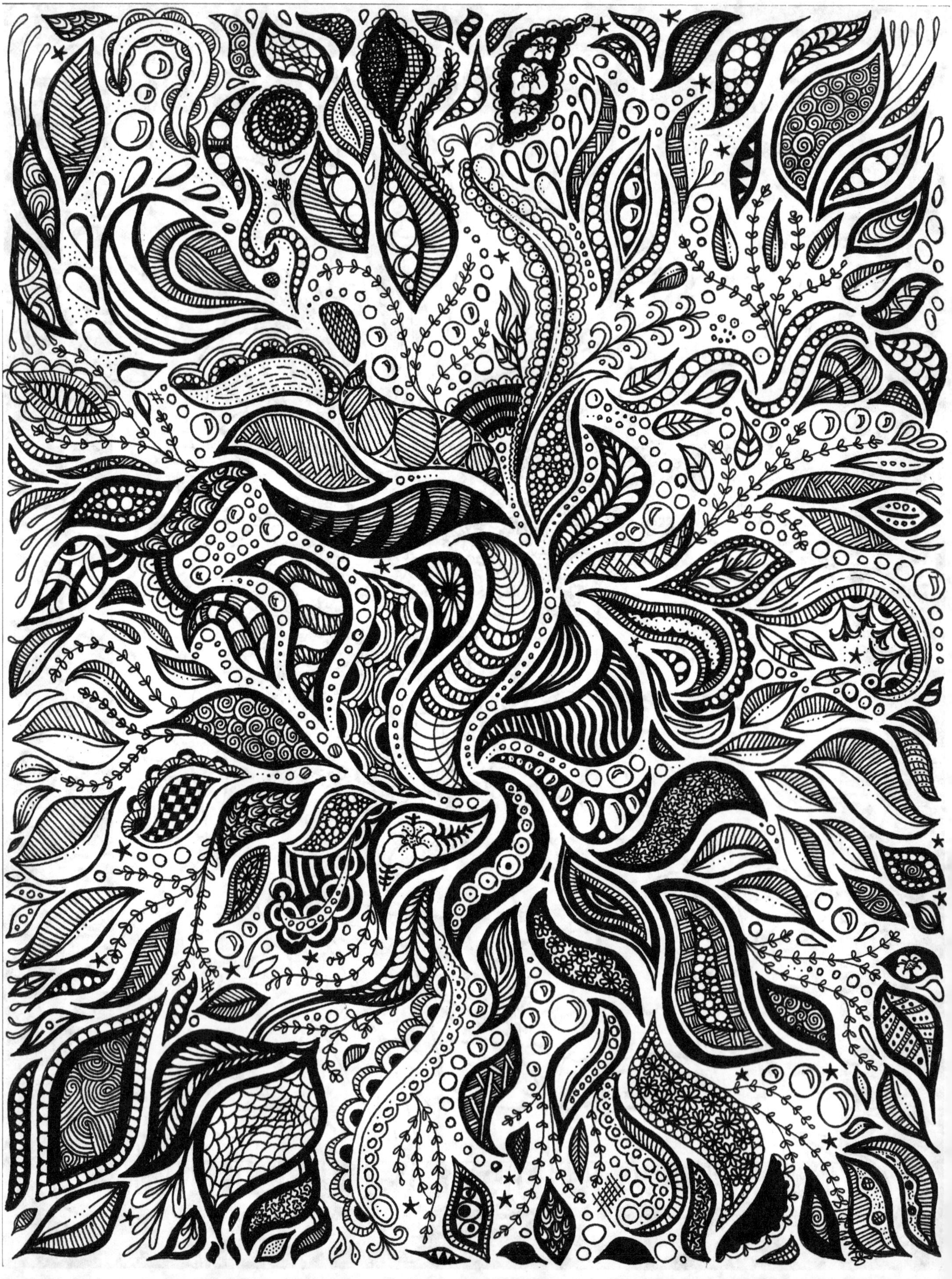

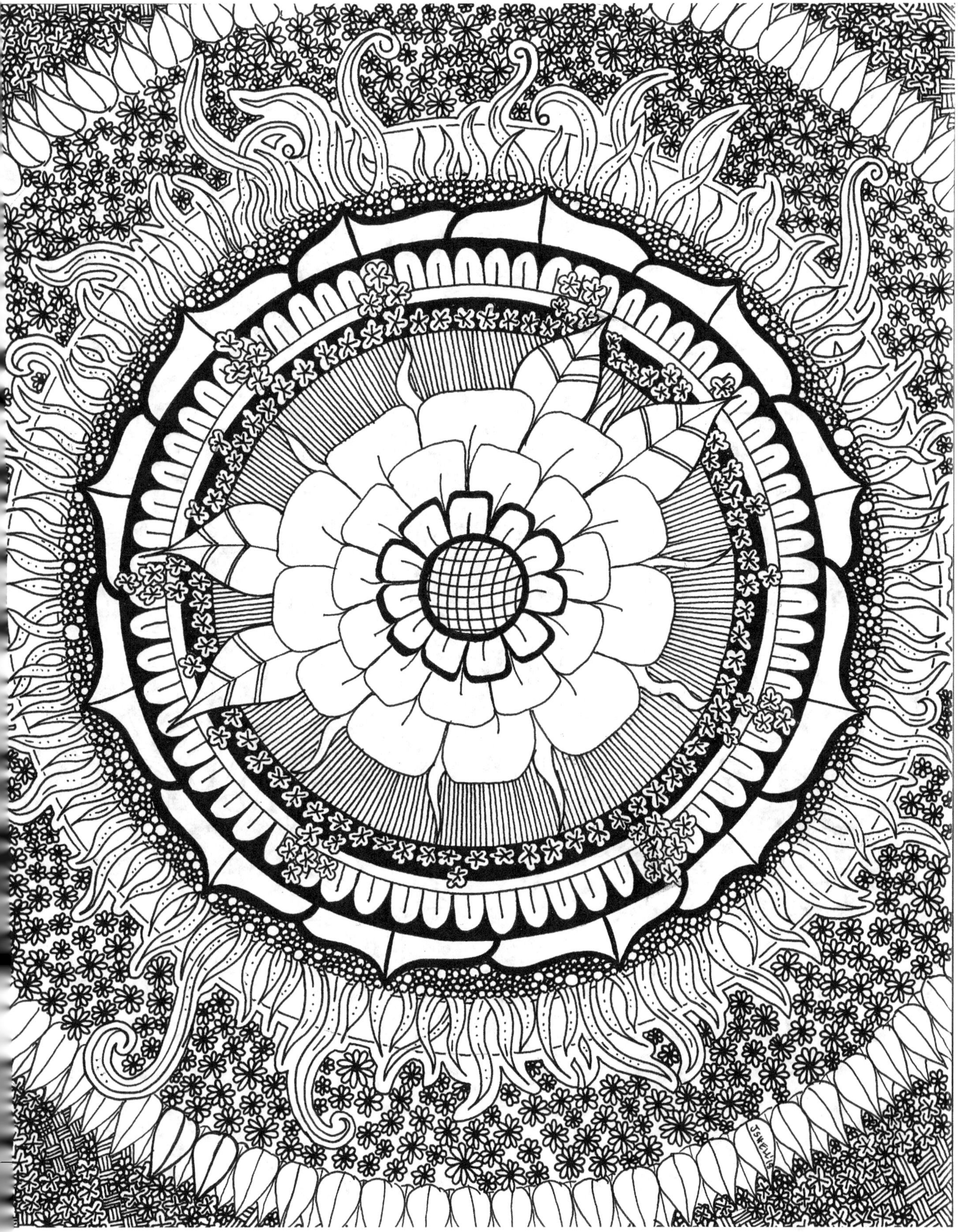

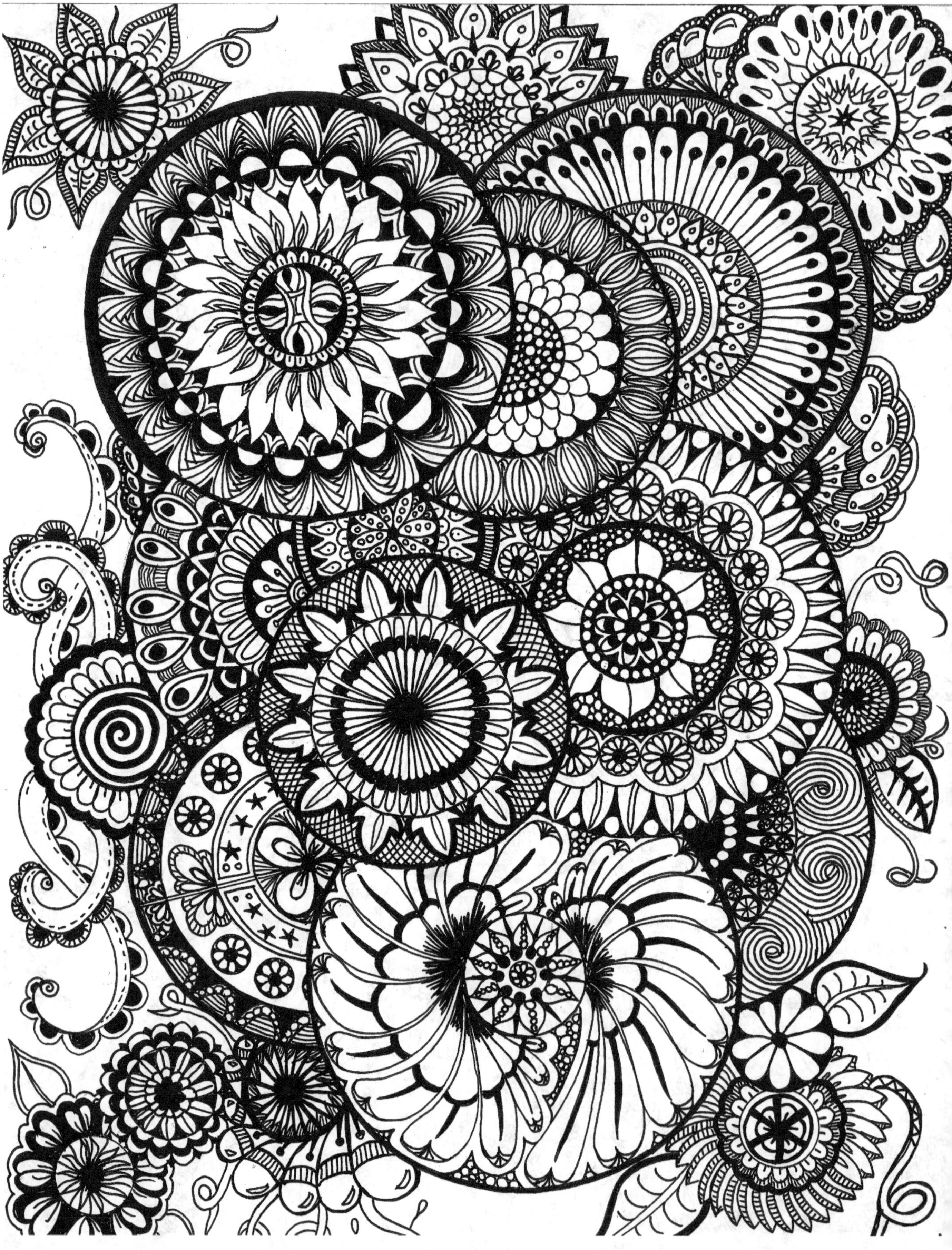

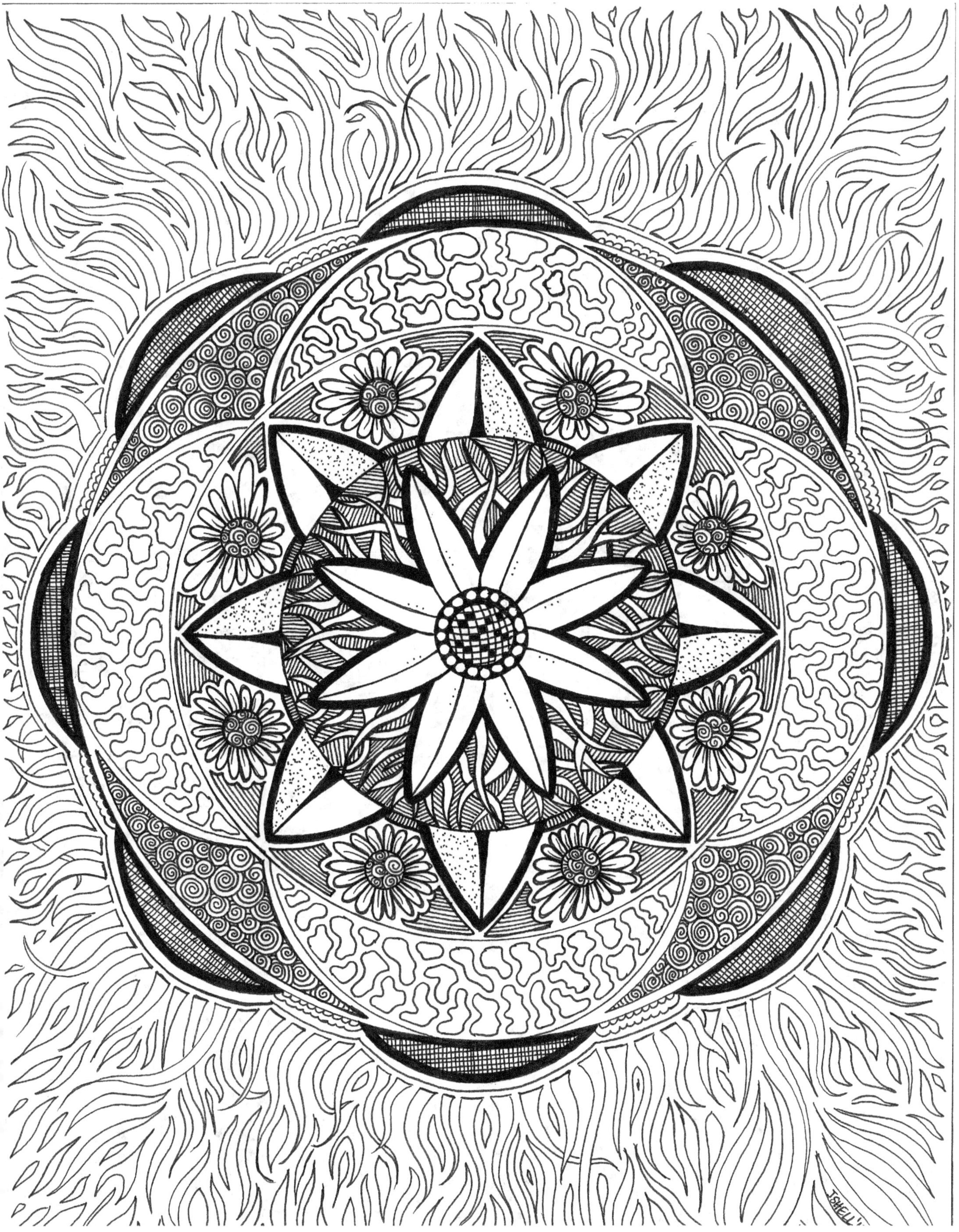
J.SHELL

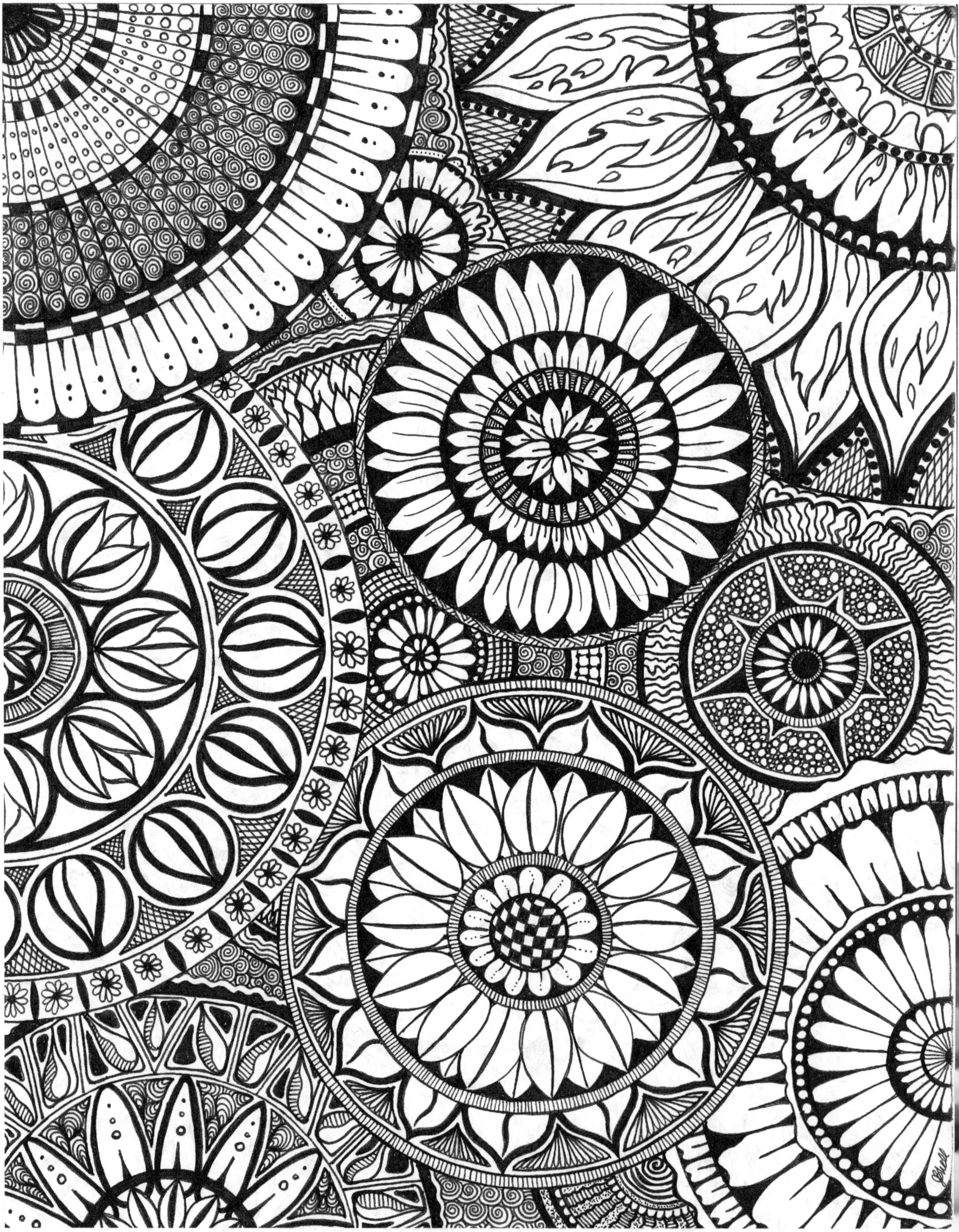

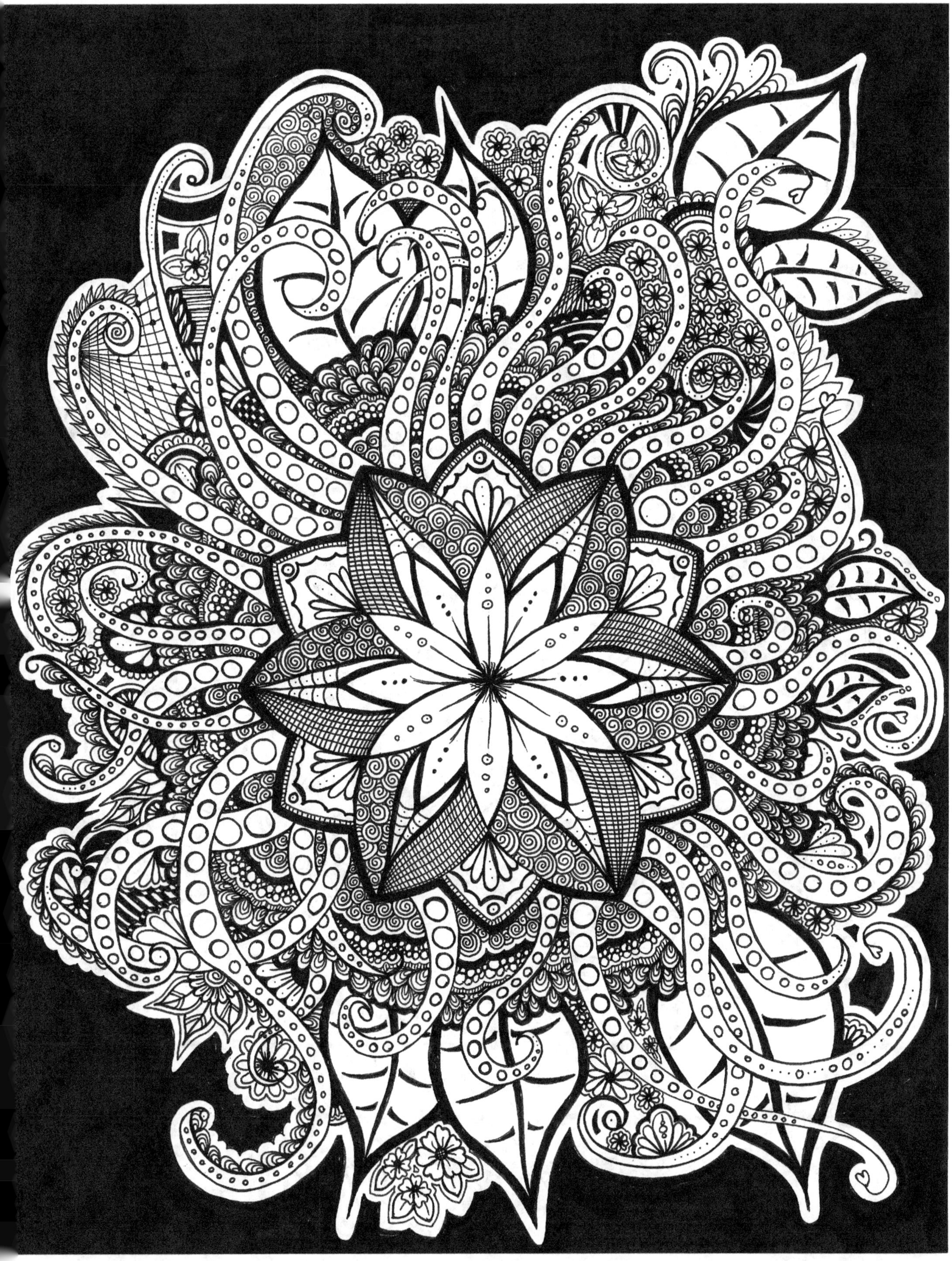

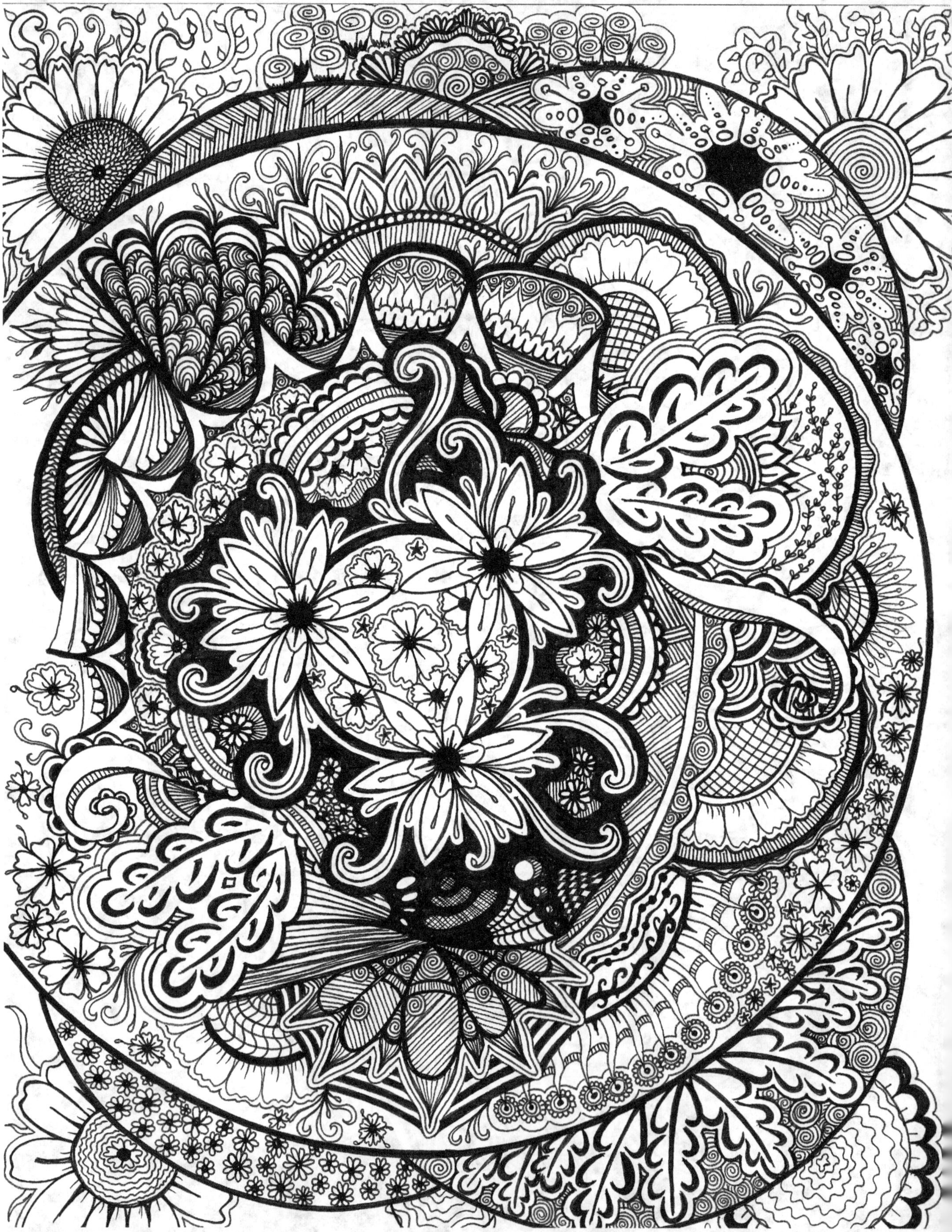

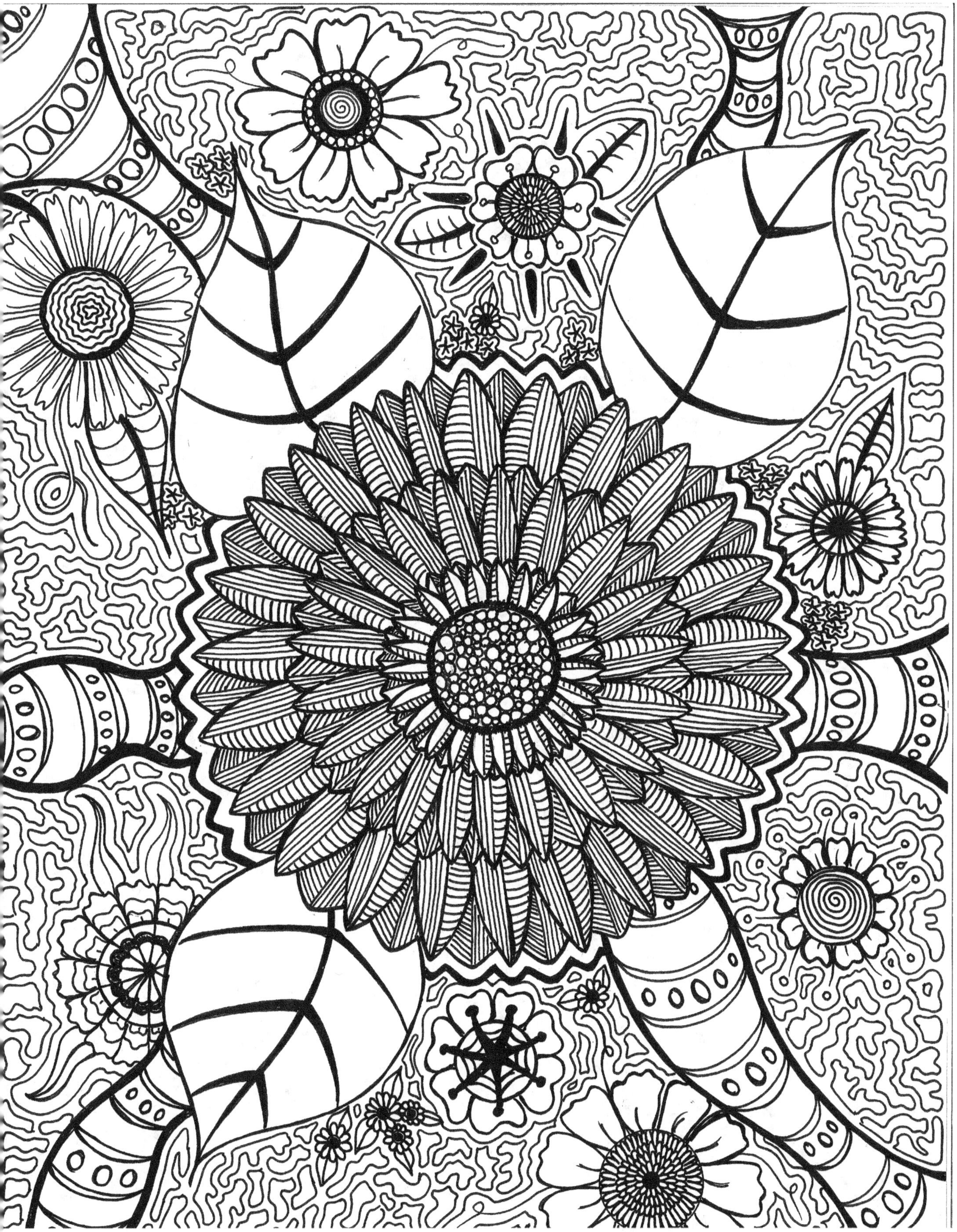

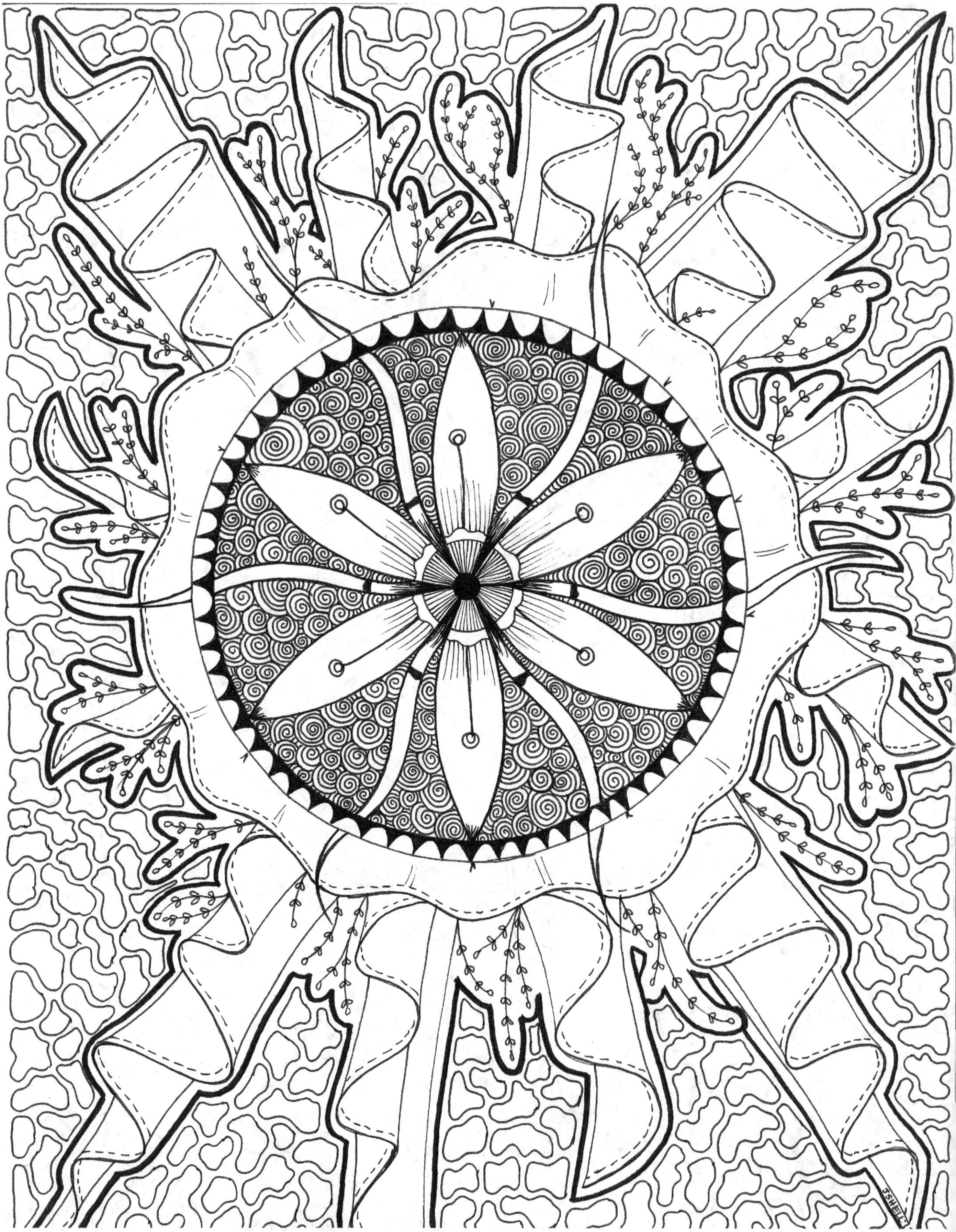

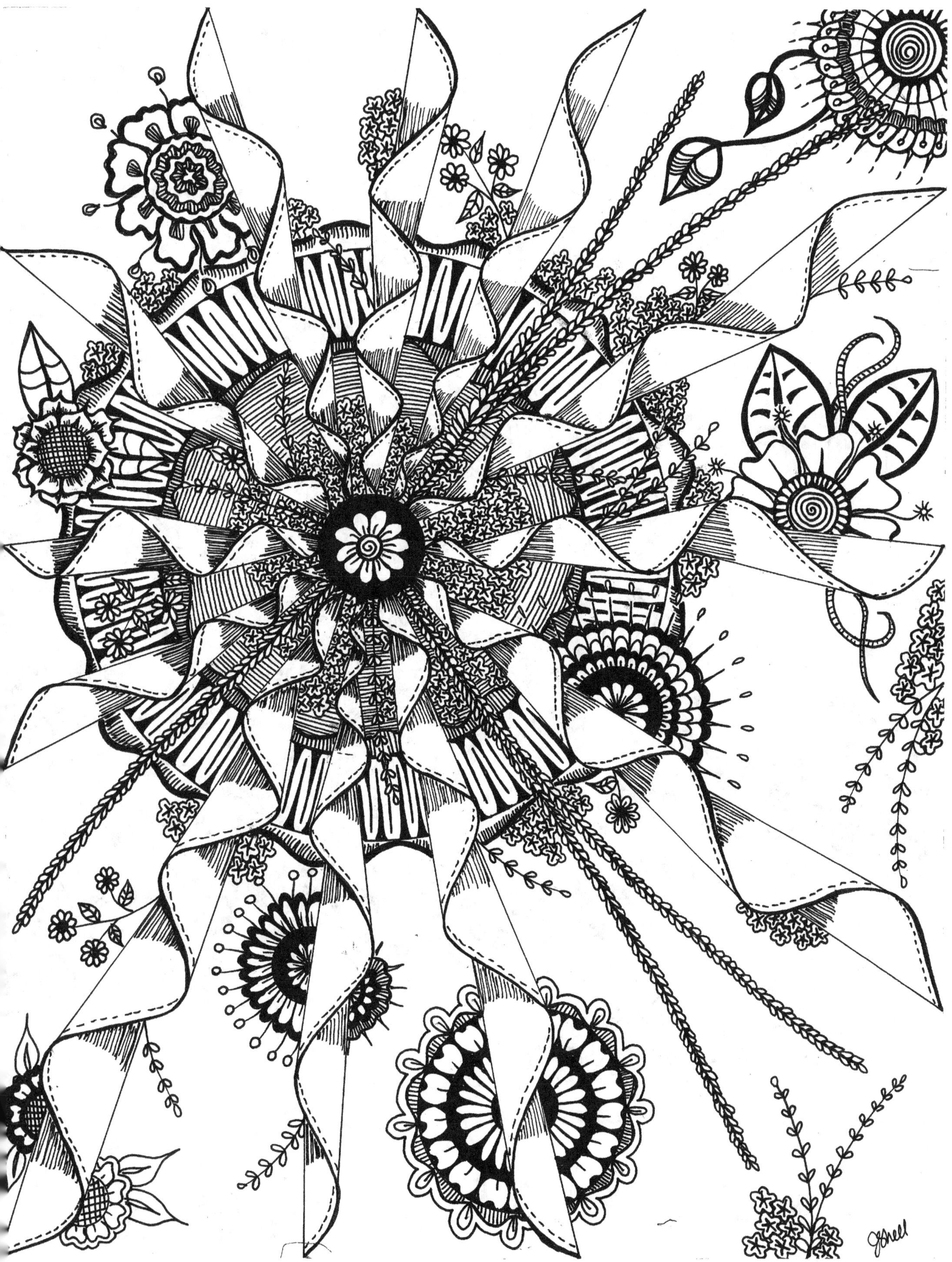

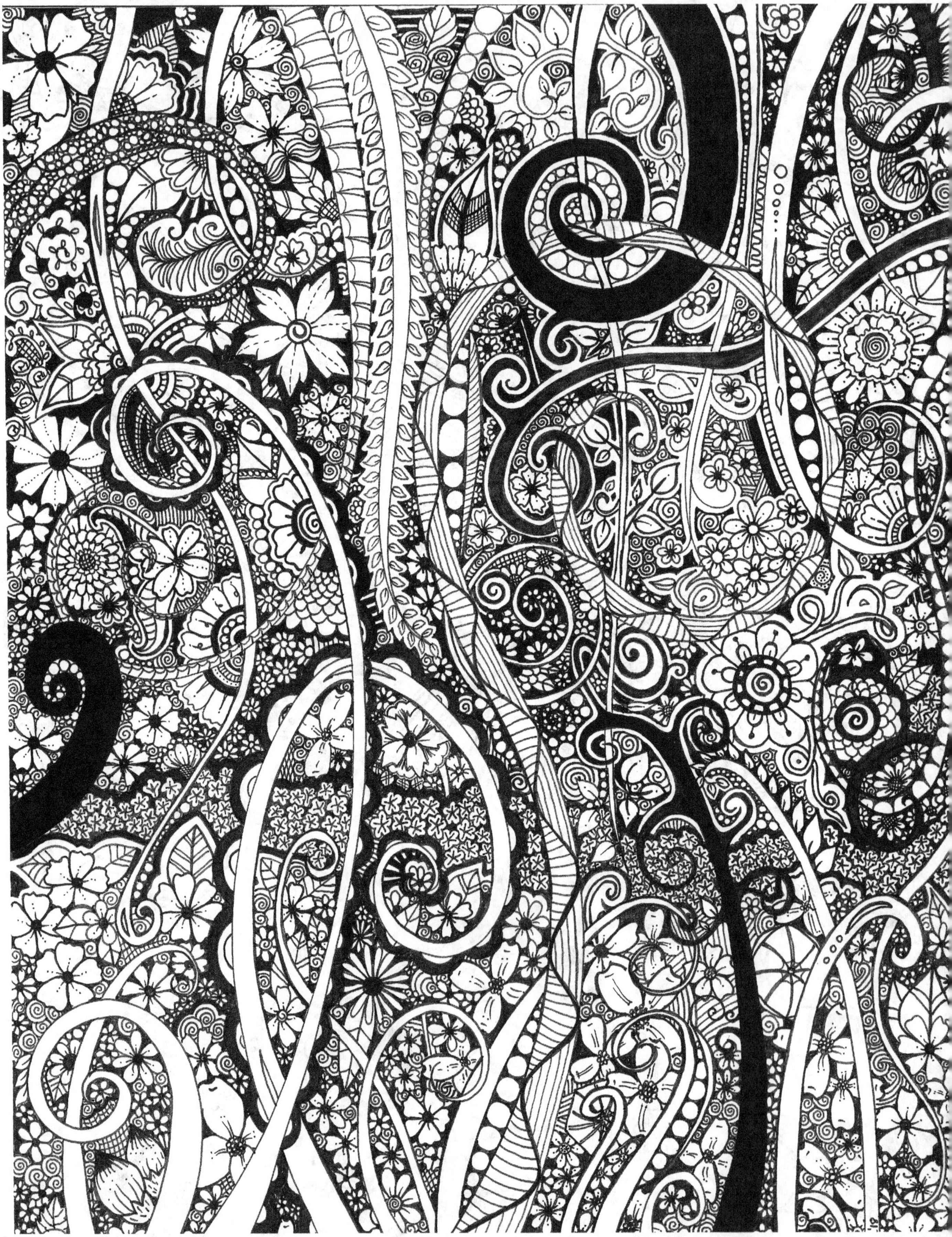

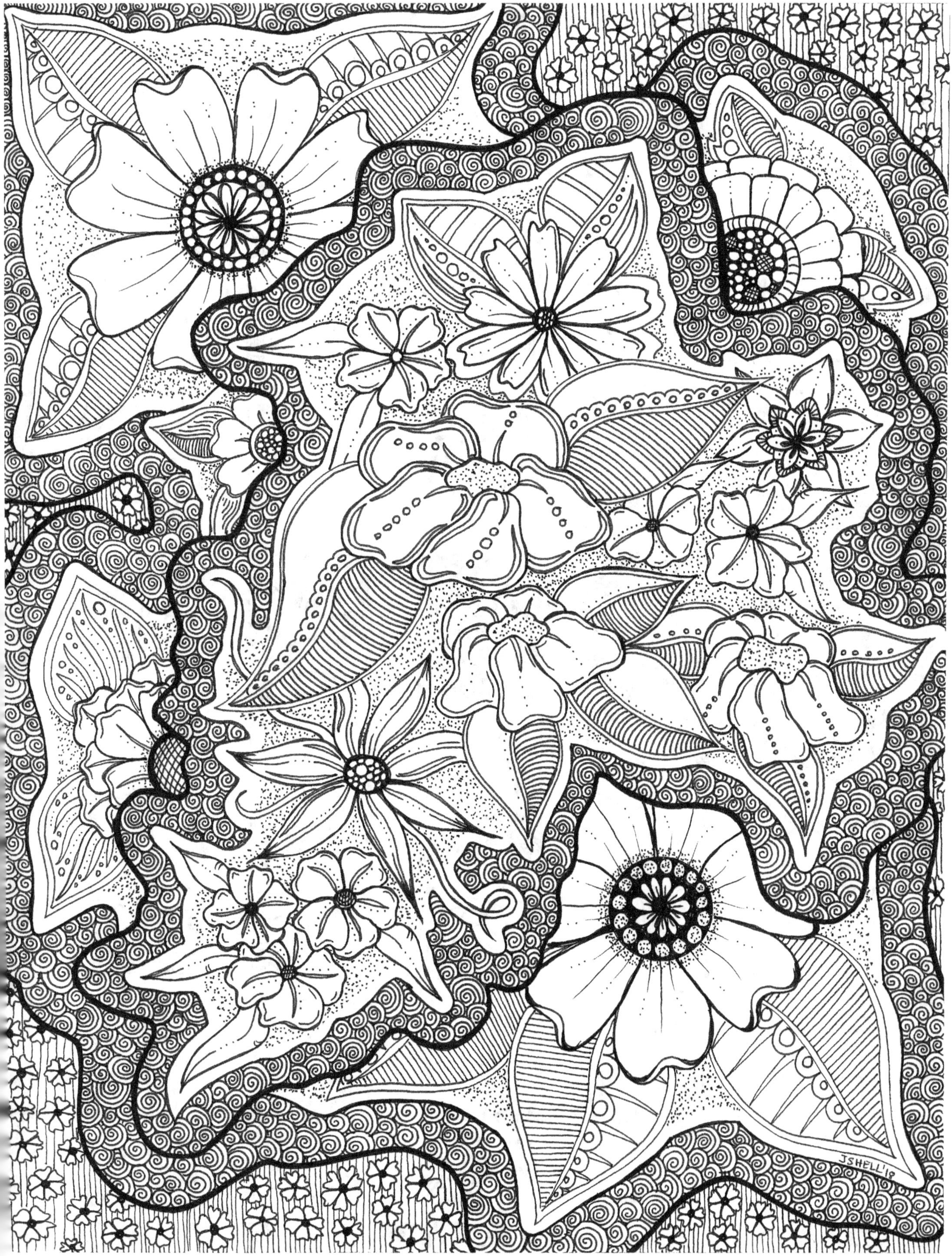
JSHELL'19

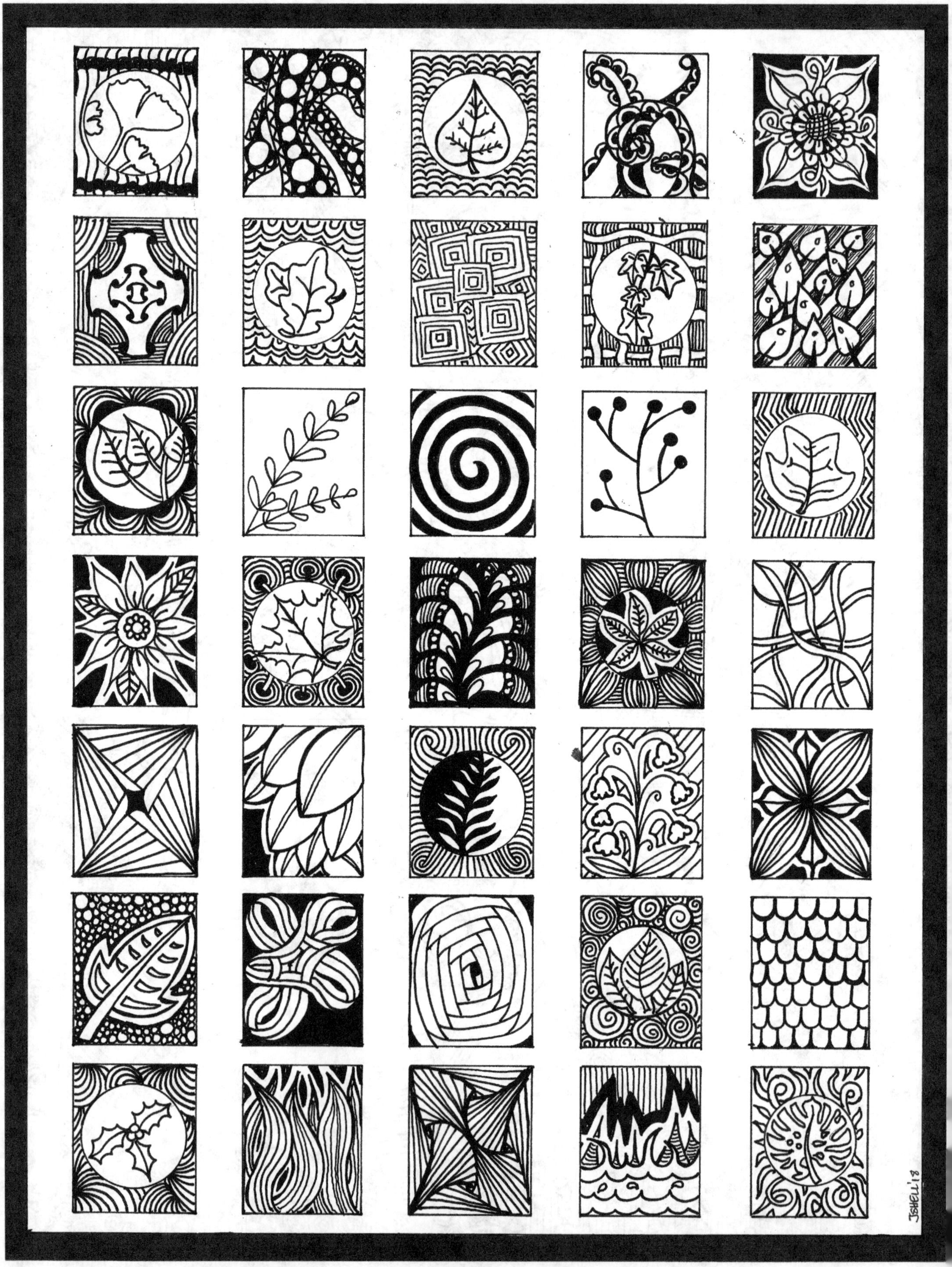
JSHELL'18

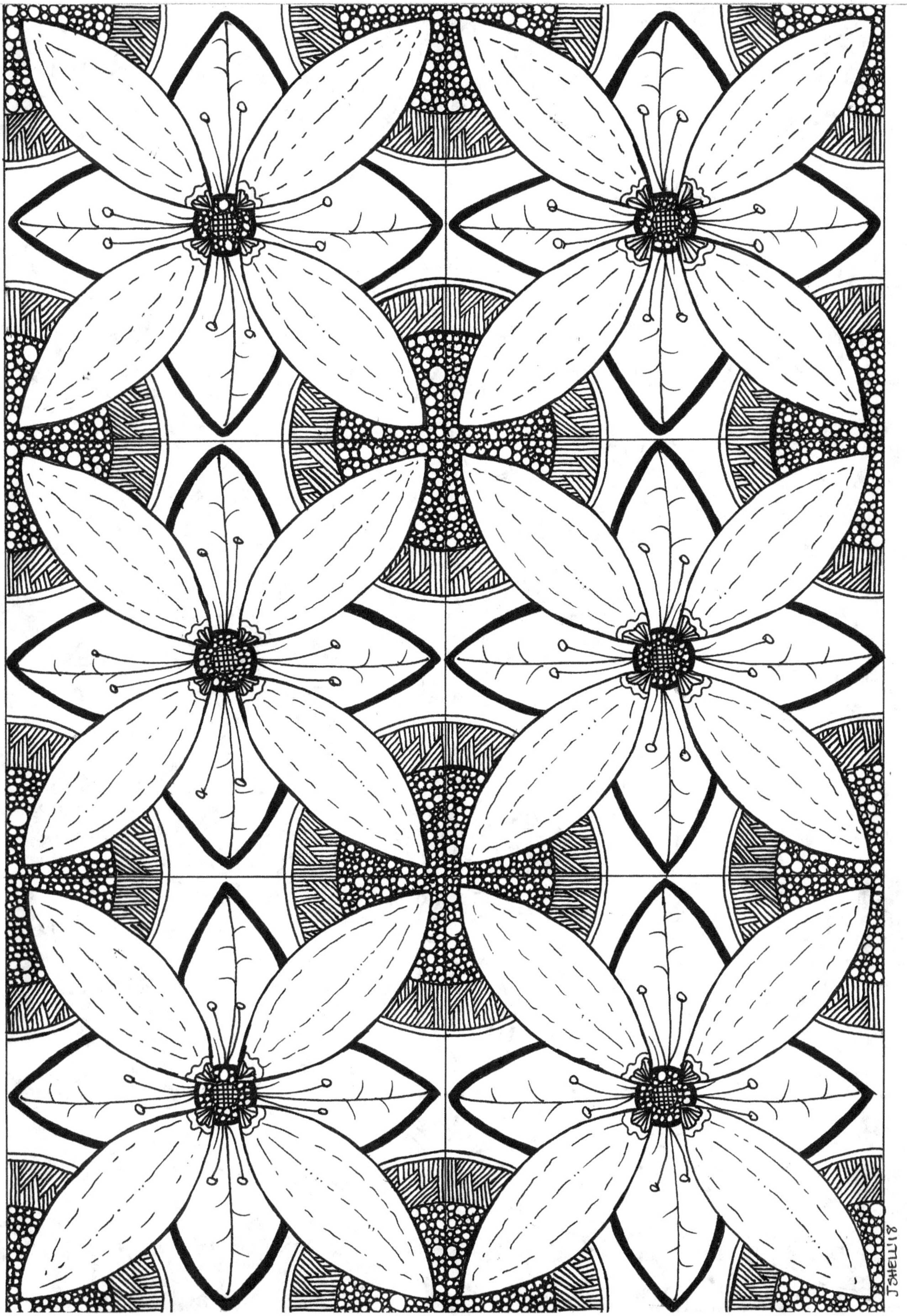
J SHELL '18

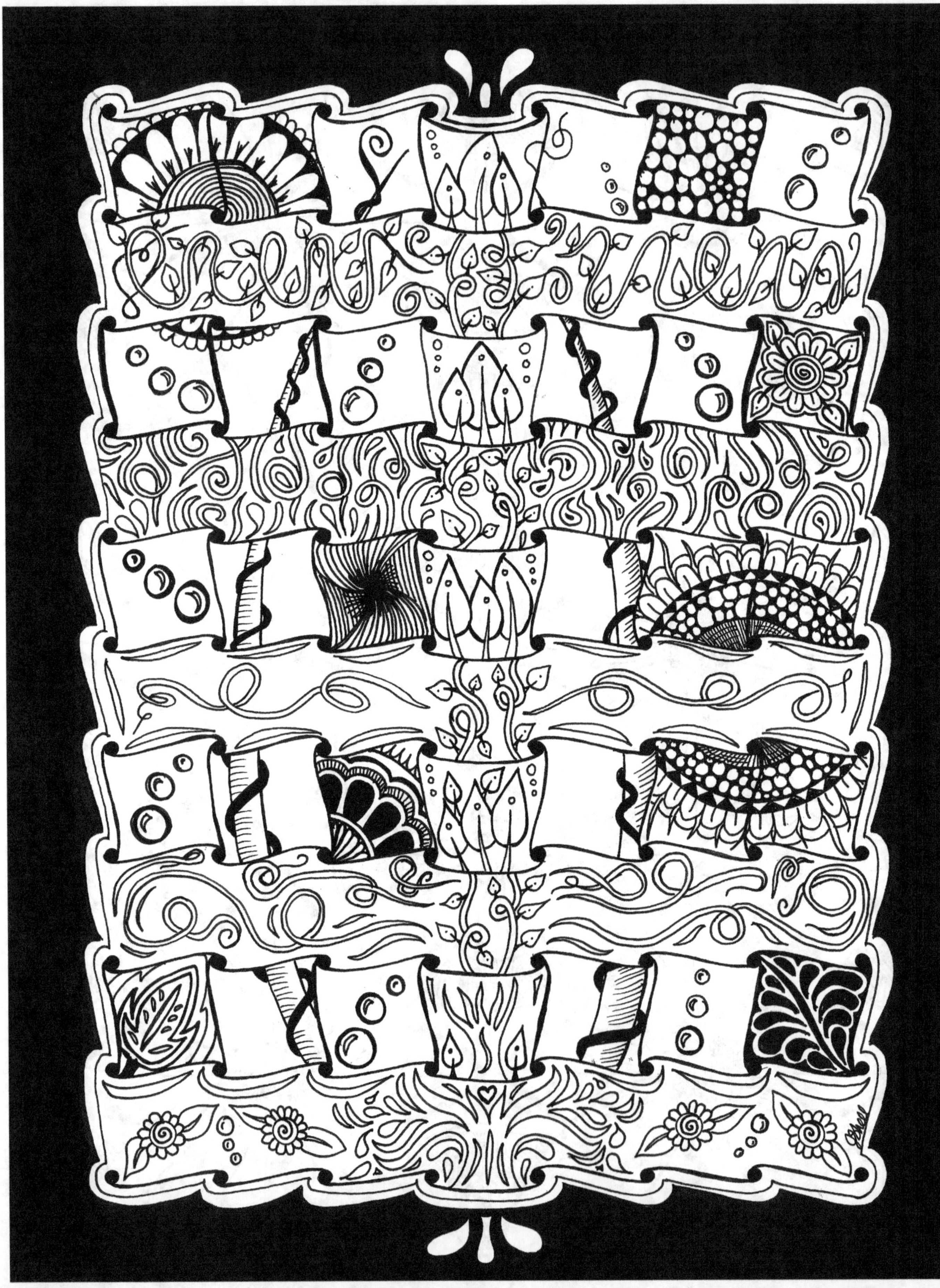

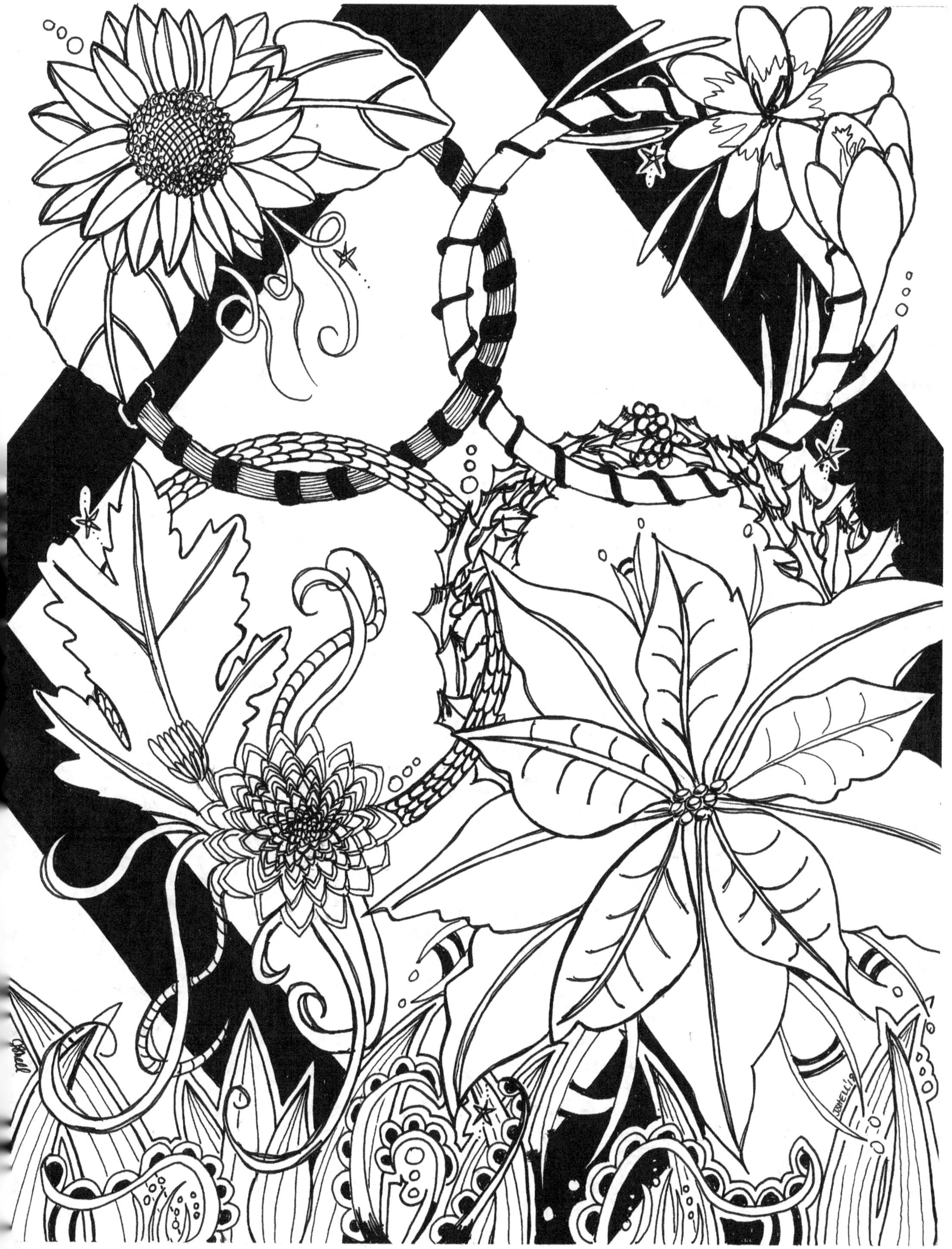

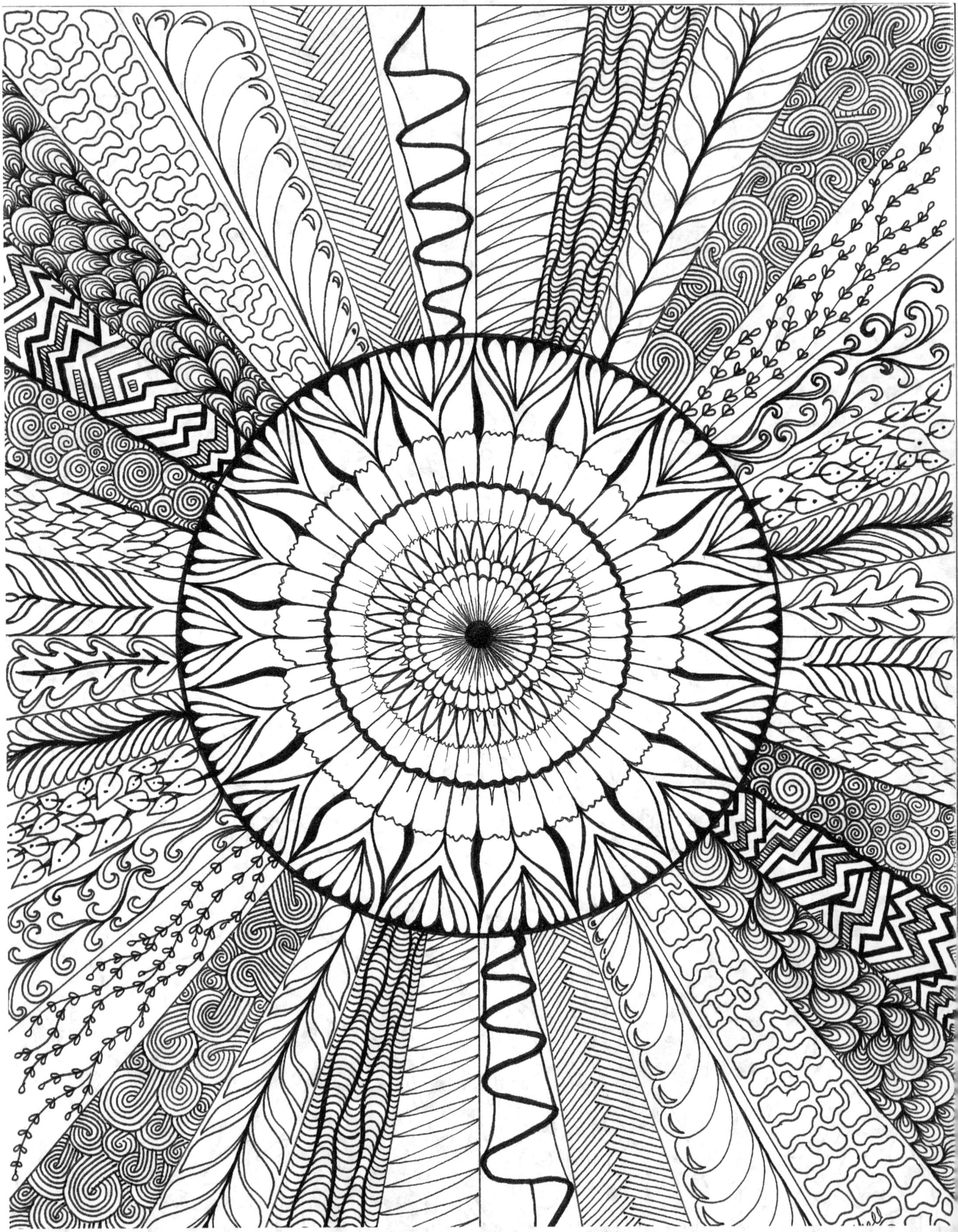

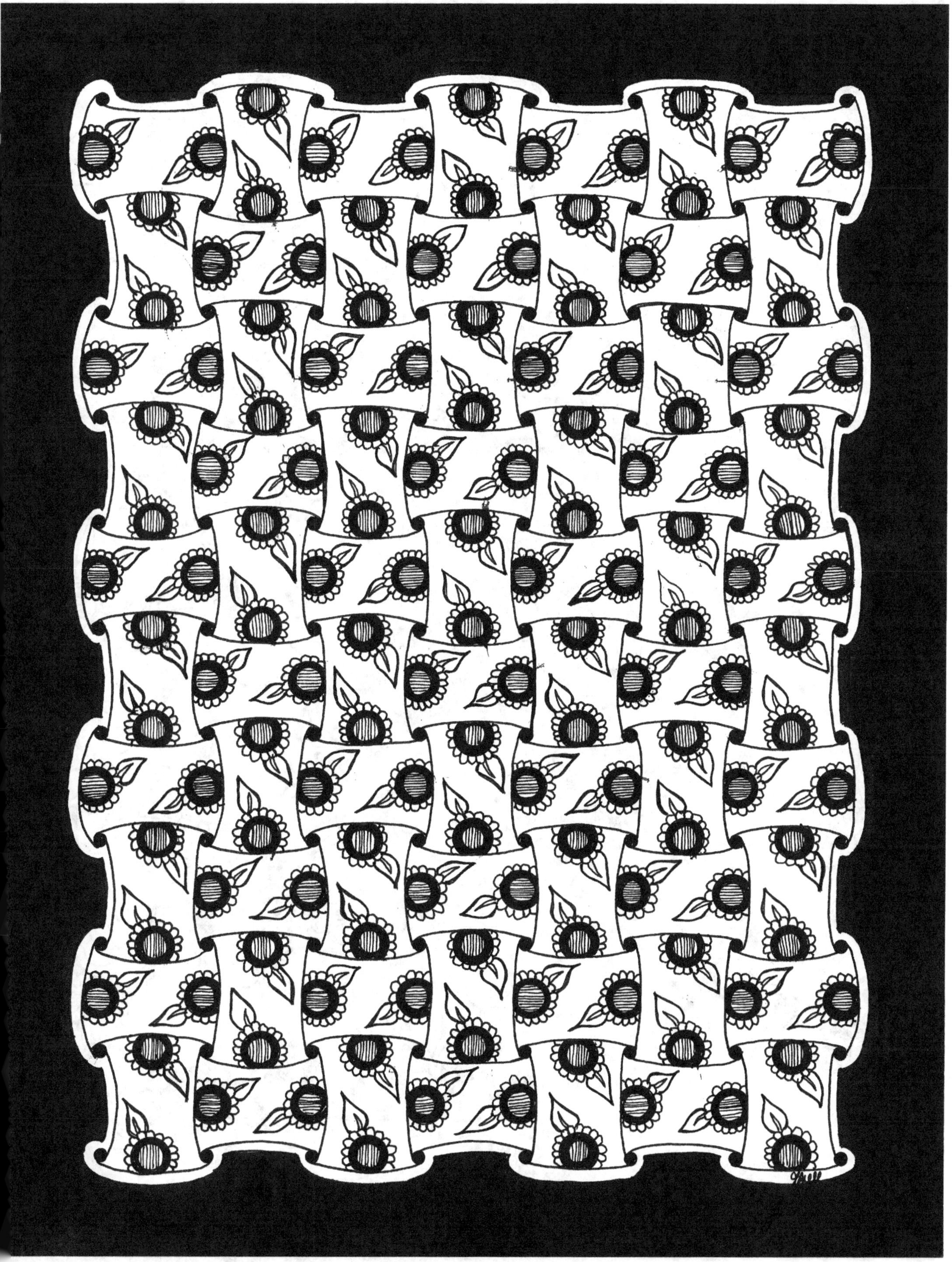

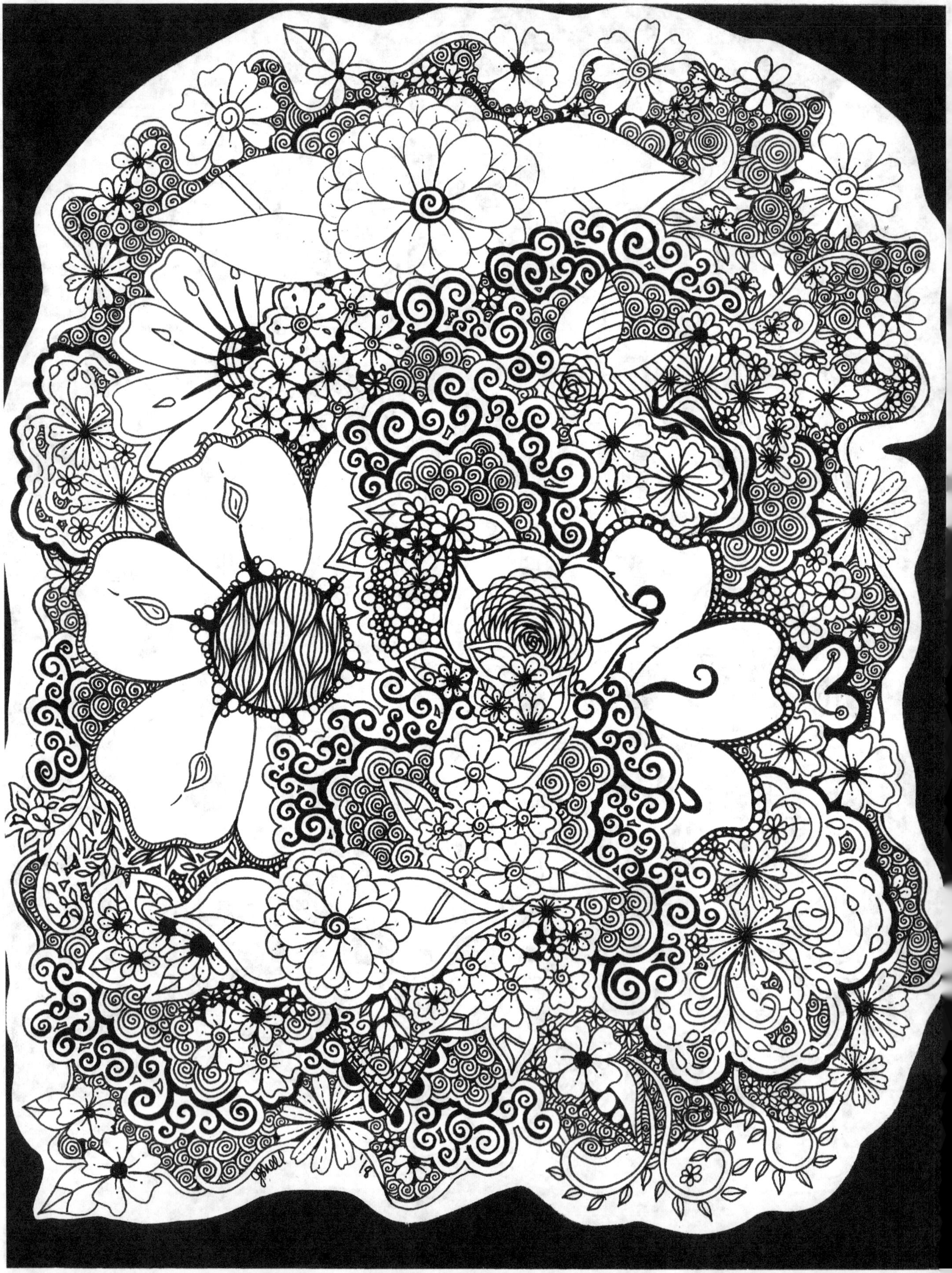

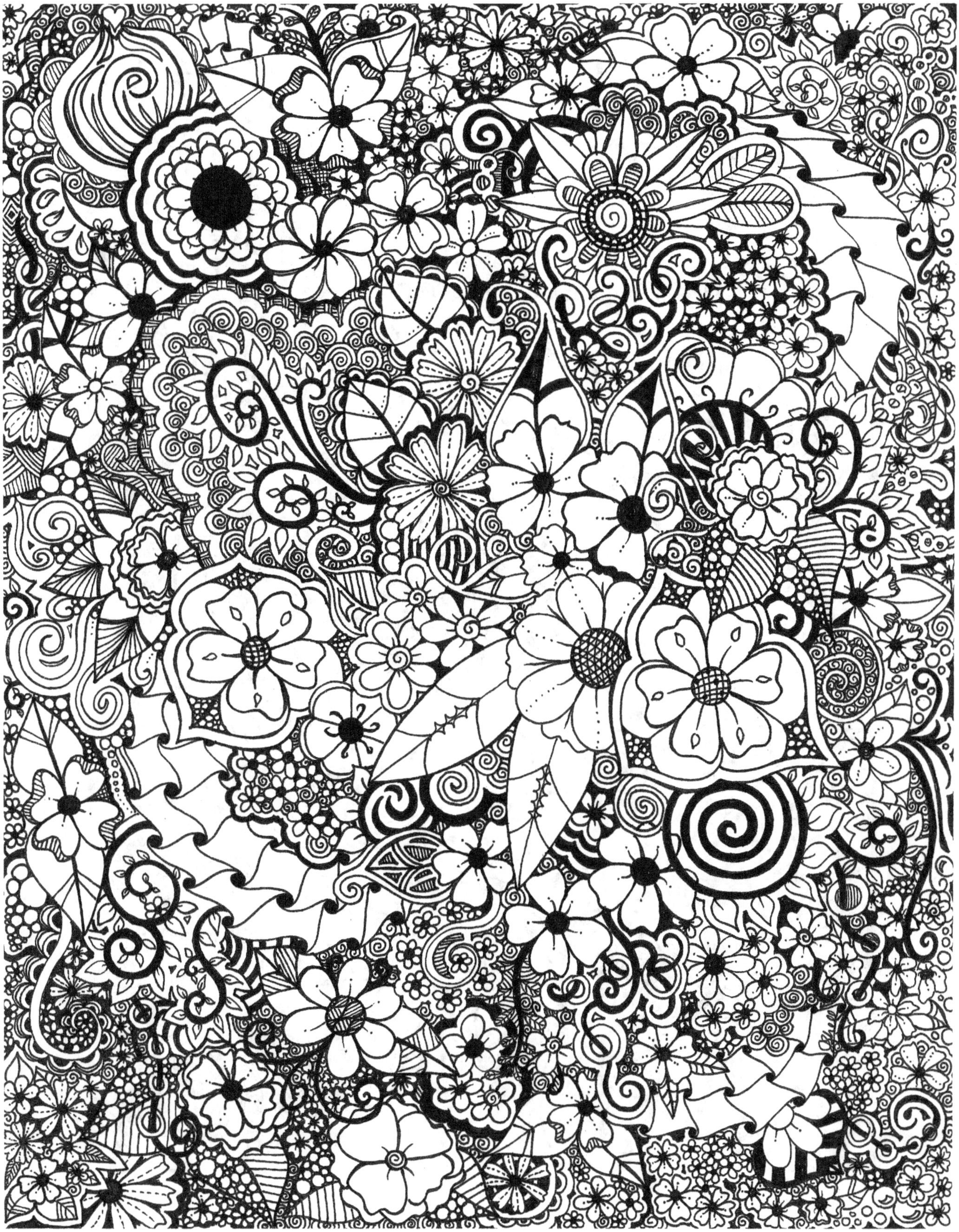

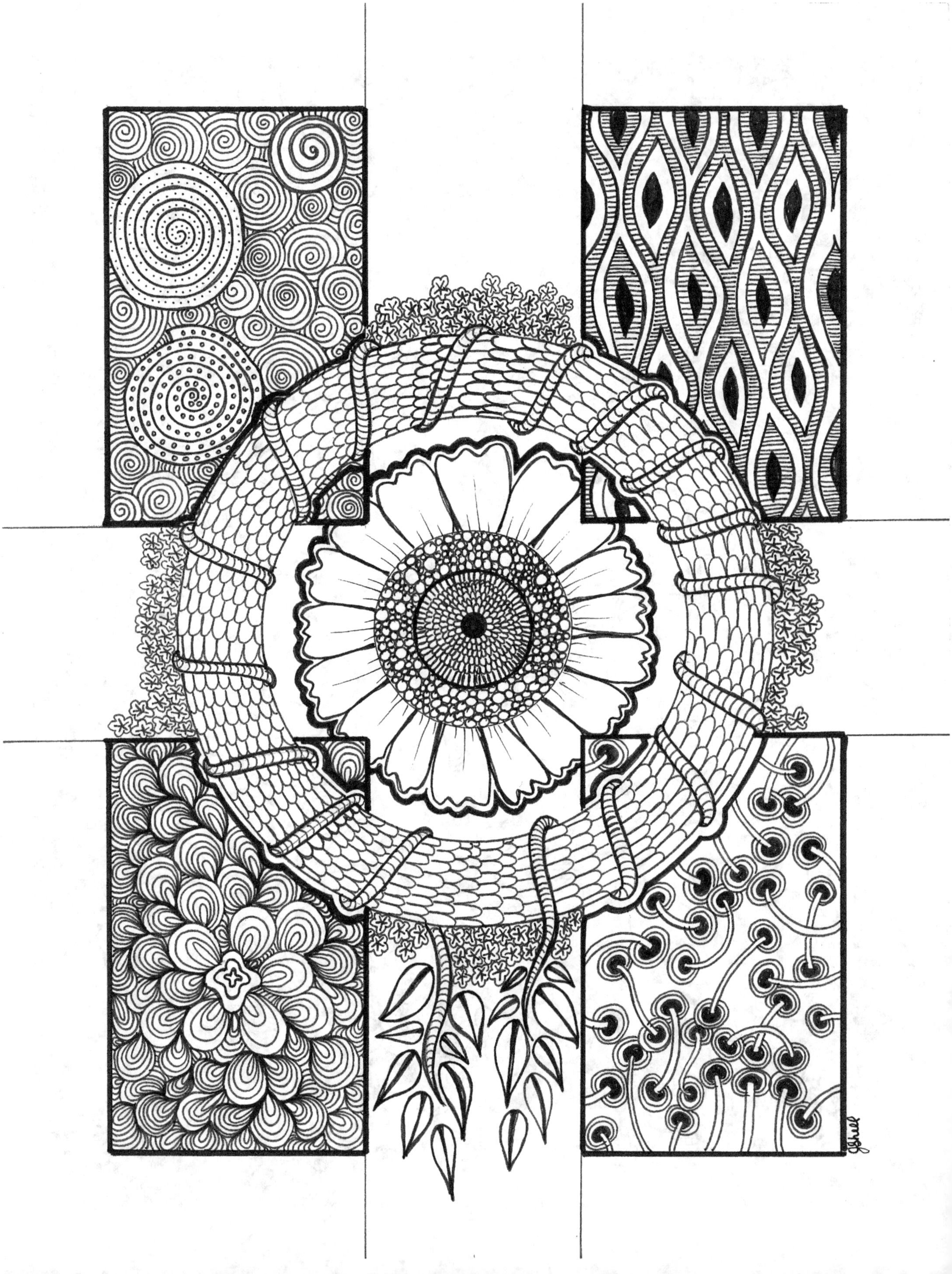

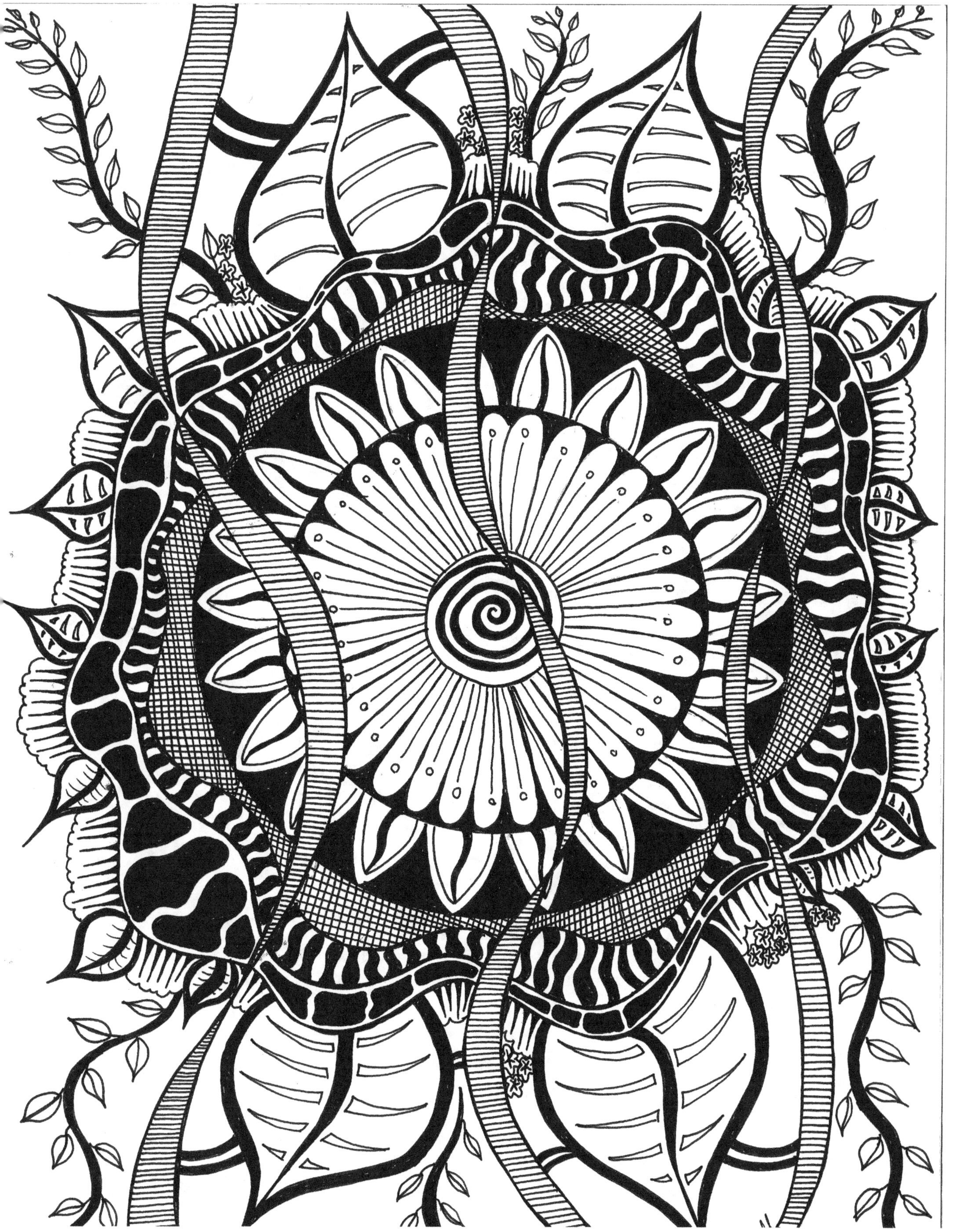

www.ingramcontent.com/pod-product-compliance
Lightning Source LLC
Chambersburg PA
CBHW081653220526
45468CB00009B/2632